HUITIÈME QUARTIER.

LES HALLES.

RECHERCHES
CRITIQUES,
HISTORIQUES ET TOPOGRAPHIQUES
SUR
LA VILLE DE PARIS,
DEPUIS SES COMMENCEMENTS CONNUS. JUSQU'A PRÉSENT;

Avec le PLAN de chaque Quartier:

Par le Sr. JAILLOT, Géographe Ordinaire du Roi.

Quid verum... curo & rogo, & omnis in hoc sum. *Horat. Libr. I, Epist. I.*

A PARIS,
Chez l'Auteur Quai et a côté des grands Augustins.
et
Chez Aug. Mart. LOTTIN ainé, Imprimeur-Libraire ruë St. Jacques, au Cocq.

M.DCC.LXXII.
Avec Approbation, et Privilége du Roi.

PLAN DU QUARTIER DES HALLES

8e Qer

Limites du Qer St Denys

Mauconseil

Rue

Rue

Comtesse

Grande Rue

Rue Verdelet

Rue de la Truanderie

Rue du Cigne

Pte R. de la Truanderie

R. de la Chanverrerie

Rue des Prêcheurs

Mondetour

R. des Potiers d'Etain

Rue Tirouane

R. de la Roule

Pirouette

Rue d'Artois

ou le Pilori

Fne

R. de la Pointe St Eustache

Rue de la Fromagerie

Les Halles

Rue de la Cossonnerie

Rue aux Fers

R. de la Cordonnerie

R. de la Grosnière

R. du Pt St Martin

R. de la Friperie

R. de la petite Friperie

R. de la Poterie

Rue de la Tonnellerie

R. Aulard

Boucherie de Beauvais

Halle aux Cuirs

R. de la Lingerie

Fonne

Les Saints Innocents

Cimetière

Rue St Denys

Rue Saint Denys

Limites du Qer St Jacques de la Boucherie

Limites du Qer St Eustache

Rue Saint Honoré

Rue de la Ferronnerie

Limites du Qer Ste Opportune

A Paris
Chés le Sr Jaillot
Géogr. Ord. du Roi
Quai des Augustins
A.P.D.R. 17

Echelle de 100 Toises

10 20 30 40 50 60 70 80 90 100

RECHERCHES
CRITIQUES, HISTORIQUES ET TOPOGRAPHIQUES SUR LA VILLE DE PARIS.

VIII. QUARTIER.
LES HALLES.

Ce Quartier eſt borné à l'orient par la rue S. Denys excluſivement, depuis le coin de la rue de la Féronnerie juſqu'au coin de la rue Mauconſeil ; au ſeptentrion, par la rue Mauconſeil auſſi excluſivement ; à l'occident, par les rues Comteſſe d'Artois & de la Tonnellerie incluſivement ; & au midi, par la rue de la Féronnerie & partie de celle de S. Honoré excluſivement.

On y compte vingt-quatre rues, & une Egliſe Paroiſſiale.

Rue de la Chanverrerie. Un de ſes bouts donne dans la rue S. Denys, l'autre dans celle de Mondetour. L'orthographe de ce nom a conſidérablement varié ; on trouve *Chan-*

verie dans Guillot, *Chanvrerie* dans la Taxe de 1313, *Chanvoirerie* dans Corrozet, *Champverrerie* dans Sauval, *Chanverrerie* dans de Chuyes, *Champvoirie* dans la Caille, *Champvoirerie*, *Chanvoirie*, &c. De cette différence dans la manière d'écrire ce nom, viennent deux étymologies, ainsi que deux opinions; l'une de Robert Cénal, qui le fait venir de *Chanvre*, & nomme en conséquence cette rue, *via Canabina*; l'autre de Sauval (*a*), qui prétend que l'endroit où elle est située étoit une campagne, ou faisoit partie du terrein de Champeaux, dans lequel se trouvoit la Verrerie, & qu'ainsi il faut écrire *Champ-Verrerie*. J'aurois quelque peine à embrasser ce sentiment, qui est destitué de toute preuve; je m'y rendrois cependant, si je n'avois à objecter que l'autorité de Robert Cénal, qui ne me paroît pas d'un grand poids: mais, 1° on trouve qu'on vendoit aux Halles les Filasses & les Chanvres, & l'on ne trouve aucune mention ni indice qu'il y ait eu de Verrerie en cet endroit. 2° Le nom de *Chanverie*, que lui donne Guillot, & celui de *Chanvrerie*, qu'on lit dans le Rôle de 1313, sont plus analogues au Chanvre qu'à une Verrerie. 3° Ce qui me semble lever toute difficulté, est le nom latin *Canaberia* que les Actes lui donnent. Dans des Lettres de Pierre de Nemours, Evêque de Paris, du mois de Juin 1218 (*b*), il est fait mention du don d'une maison *in vico de Chanaberia, propè S. Maglorium*: cette rue est nommée *vicus Canaberie* dans un amortissement du mois d'Octobre 1295 (*c*); &, afin qu'on ne la

(*a*) Tom. 1, p. 123.

(*b*) Cart. S. Magl. fol. 181.

(*c*) Ibid. fol. 58.

confonde pas avec une autre, elle y eſt indiquée *in Cenſiva Morinenſi*, (le Fief de Thérouenne.) Un autre Acte d'amortiſſement (*d*) pour deux maiſons ſituées *in Canaberia*, & qui eſt du mois de Juin 1252, énonce les noms des propriétaires, *Jaquelinus & Radulphus Canaberius*, & *Johannes de Canaberia*. Je trouve encore dans le même Cartulaire un *Johannes de Canaberiis*, & ce dernier nom doit, à ce que je crois, ſe traduire en françois par *Jean de Chénevières*; mais ceux que je viens de citer n'ont aucun rapport, ni à un champ, ni à une Verrerie : auſſi les Regiſtres Capitulaires de Notre-Dame indiquent-ils toujours cette rue ſous les noms de *Chanvrie* & de *Chanvrerie* (*e*); on le voit par deux Actes de l'an 1368.

La Liſte des rues du XVe ſiécle indique une rue *Temploirie :* mais, ou ce n'eſt pas celle-ci, comme l'a penſé l'Auteur des *Tablettes Pariſiennes*, ou c'eſt une bévue de Copiſte. Ainſi, c'eſt pour me conformer à l'uſage, & à l'inſcription qu'on lit aux coins de cette rue, que j'ai écrit rue *Chanverrerie*, au lieu de *Chanvrerie*.

On voit dans une Sentence du Châtelet, du 31 Janvier 1459, qu'il y avoit dès-lors dans cette rue une maiſon appelée *l'Hôtel de la Marchandiſe du Poiſſon de mer*. Cette maiſon, deſtinée pour y faire deſſaler le poiſſon, a été transférée, ſuivant tous les Plans de ce ſiécle, dans la rue de la Coſſonnerie.

RUE COMTESSE D'ARTOIS. Elle commence à la Pointe S. Euſtache, & finit à la rue Mont-

(*d*) Ibid. fol. 38.

(*e*) Reg. Cap. 3, p. 206 & 246.

orgueil, au coin de la rue Mauconseil. Dans les Titres du XIVe siécle (*f*), elle est indifféremment nommée rue *au Comte d'Artois*, rue *de la Porte à la Comtesse*, & rue *à la Comtesse d'Artois*. La plus grande partie des Plans de Paris sont défectueux en cette partie : ou ils n'indiquent pas cette rue, & n'en font qu'une avec la rue Montorgueil, ou ils la prolongent jusqu'au coin des rues Pavée & Tiquetonne ; au lieu qu'elle finit à la rue Mauconseil, & au cul-de-sac de la Bouteille. L'Auteur des *Tablettes Parisiennes* a eu un peu trop de confiance en Sauval & dans les Notes de l'Abbé Lebeuf sur le *Dire des Rues de Paris* par Guillot ; il avance, après eux, que cette rue s'appeloit, en 1253, *de la Savaterie* ; en 1300, *au Comte d'Artois*, *de Bourgogne*, *Nicolas Arrode*, & *de la Porte à la Comtesse* en 14**.

Je n'ai vu aucun Acte où cette rue soit appelée *de la Savaterie*. Il y en avoit une aux Halles dite *aux Savetiers* (*g*), mais certainement ce n'est pas celle-ci. Le nom de rue *au Comte d'Artois* venoit de Robert II, neveu de S. Louis : son Hôtel étoit situé entre les rues Pavée & Mauconseil : ce Prince fit percer le mur d'enceinte, & fit ouvrir, pour sa commodité & celle du Public, une fausse porte, laquelle prit le nom de *Porte au Comte d'Artois*, & le donna à la rue. Je ne trouve pas non-plus qu'on l'ait appelée rue *de Bourgogne* : Sauval n'auroit-il point confondu celle-ci avec la rue Françoise, qui fut d'abord appelée rue de Bourgogne, comme ayant été ouverte sur l'emplacement de l'Hôtel de ce nom ?

(*f*) Censf. de l'Achev. de 1372. | (*g*) Sauval, t. 3, p. 338.

A l'égard de la rue *Nicolas Arrode*, l'Abbé Lebeuf (*h*), qui croit la reconnoître dans la rue Comtesse d'Artois, avoit oublié qu'il l'avoit indiquée (*i*) dans le Quartier S. Martin-des-Champs; d'où l'on pourroit supposer, ou qu'il y en avoit deux du même nom, ce que je n'ai point trouvé, ou que celle-ci subsistoit avant qu'on lui eût donné le nom du Comte d'Artois, ce qui ne peut se concilier avec l'énoncé du Rôle de 1313. Voici ce qu'il porte : « *La premiere Queullette de* » *la Paroisse de S. Huystace se commença de la* » *porte feu Nicolas Arrode jusqu'à la Pointe S. Huys-* » *tace, d'illec jusqu'à la Porte de Montmartre.....* » *La troisiéme Queullette, de la Porte au Comte d'Ar-* » *tois jusqu'au coin devant le Pilori, &c.* » d'où il est facile de concevoir que la rue Nicolas Arrode devoit être celle que nous nommons la rue de la Pointe S. Eustache, & non la rue Comtesse d'Artois, qui commençoit où l'autre finissoit.

Rue de la Cordonnerie. Elle traverse de la rue de la Tonnellerie au Marché aux Poirées. Les Halles ayant été destinées non-seulement pour la vente des denrées qui servent à notre subsistance, mais encore pour la plus grande partie des Marchandises néceſſaires, il étoit aſſez naturel d'y trouver des chauſſures : la Halle aux Cuirs y subsiste encore ; & , comme je l'ai dit à l'article précédent, il y avoit une rue des Savetiers en 1474 (*k*). J'ai observé que la rue des Fourreurs avoit été appelée *de la Cordonnerie*, & ensuite *de*

(*h*) Tom. 2, p. 589.
(*i*) Tom. 1, p. 311.
(*k*) Sauval, t. 3, p. 338.

la vieille Cordonnerie. Il y a quelque apparence que lorſque les Cordonniers cédèrent la place aux Pelletiers, ils vinrent ſe placer aux Halles : ſi cette conjecture eſt vraie, l'origine de la rue dont il s'agit, ne remonteroit pas au ſiécle de Philippe-Auguſte, comme le Commiſſaire Lamarre (*l*) & D. Félibien l'ont penſé ; le terrein accordé aux Juifs à Champeaux ne me paroiſſant pas s'étendre juſqu'à l'endroit qu'occupe aujourd'hui la rue de la Cordonnerie. Son véritable nom devroit être *Cordouannerie*, ainſi qu'on diſoit autrefois, parce que les cuirs qu'on employoit pour les ſouliers venoient de Cordoue, & s'appeloient *du Cordouan*.

RUE DE LA COÇONNERIE. Elle va de la rue S. Denys aux Halles. Cette rue eſt fort ancienne : Sauval (*m*) dit qu'au XIIe ſiécle elle portoit le nom de *via Cochoneria*, & en 1330, la rue *de la Coçonnerie.* Je n'ai point trouvé le premier nom ; Robert Cénal l'avoit ſans doute lu quelque part, ou ſe l'étoit imaginé, car il l'appelle lui-même *via Porcularia.* On la trouve ſouvent écrite & indiquée dans nos Nomenclatures *Coſſonnerie* : je n'ai pas ſuivi cette orthographe, parce que je l'ai cru moins conforme à l'ancien nom latin : on lit *vicus Quoconneriæ* (*n*) dans un Titre de S. Magloire en 1283 (*o*), *in buco Coconnerie ante Halas* dans un Acte du mois d'Octobre 1295 ; le même nom ſe retrouve dans des Lettres de l'Official de Paris, de 1286, pour le don fait à l'Egliſe de Châlis,

(*l*) Traité de la Pol. t. 1, p. 281. — Hiſt. de Paris, t. 1, p. 203.

(*m*) Tom. 1, p. 128.

(*n*) Lebeuf, t. 2, p. 586.

(*o*) Cart. S. Magl. fol. 58.

de cent ſols de ſurcens ſur une maiſon *in vico Coconnerie* (*p*). Sauval dit que ces noms viennent des cochons & de la chaircuiterie qu'on y vendoit, ou des volailles, gibier & œufs qui s'y débitoient, *Coſſonnerie voulant dire la même choſe que Poulaillerie*.

J'ai parlé ci-deſſus d'une Halle au Poiſſon de mer, ſituée rue de la Chanverrerie, laquelle a été transférée dans celle-ci. Le Plan de la Caille de 1714, fait voir qu'alors elle étoit deſtinée pour le Poiſſon d'eau douce : aujourd'hui l'on y fait deſſaler les morues.

Rue du Cygne. Elle va de la rue S. Denys dans celle de Mondetour, & doit ce nom à une enſeigne. Dès la fin du XIIIe ſiécle, on connoiſſoit *la Maiſon o Cingne*; Guillot indique la rue *au Cingne*, & le Rôle de 1313, la rue *au Cigne*. Ainſi Sauval (*q*) & ſes Copiſtes ſe ſont trompés en ne lui donnant ce nom que dans le XVIe ſiécle; ils ſont également dans l'erreur, en diſant qu'en 1445 elle avoit le nom de *la ruelle Jehan Vigne* : c'eſt ſans doute la rime qui les a ſéduits. Sauval (*r*) lui-même a cité un Compte où ces deux rues ſont nommées, en 1445, immédiatement l'une après l'autre; & dans un autre endroit (*s*) il dit que cette rue doit ſon nom à l'Hôtel du Cygne, qui en 1413 y étoit ſitué. Guillot les a auſſi diſtinguées toutes deux. Je parlerai plus bas de la ſeconde. (*Voyez* Rue de la Réale.)

(*p*) Cart. Karoliloc. fol. 231 verſo.
(*q*) Tom. 1, p. 125.
(*r*) Tom. 3, p. 353.
(*s*) Ibid. p. 256.

RUE DE L'ECHAUDÉ. Elle va de la rue au Lard dans celle de la Poterie. Ce paſſage eſt ſi petit, qu'il n'eſt indiqué preſque ſur aucun Plan; il ſemble, ſur celui de Gombouſt, que le Marché aux Cuirs ſe tenoit en cet endroit. Je ne ſais d'où vient ce nom, car on ne donne ordinairement celui d'*Echaudé*, qu'à trois rues diſpoſées en triangle.

RUE DE LA POINTE S. EUSTACHE. Un de ſes bouts donne à l'extrémité de la rue Traînée, l'autre aux Halles, au coin de la rue de la Tonnellerie. J'ai dit ci-deſſus que je croyois que c'étoit celle qui eſt déſignée par Guillot, ſous le nom de rue *Nicolas Arrode*. Son nom vient du clocher de l'Egliſe de S. Euſtache, qui étoit bâti en pointe ou pyramide. Le carrefour que forment les rues qui viennent y aboutir, étoit auſſi indiqué, en 1300 & dans les ſiécles ſuivants, ſous le nom de *la Pointe S. Huyſtace*.

RUE AUX FERS. Elle va de la rue S. Denys au Marché aux Poirées. Cette rue eſt ancienne, elle étoit connue au XIIIe ſiécle : ſon nom a été écrit depuis de bien des façons différentes. Sur le Plan de Gombouſt & ſur ceux qui ont paru depuis, on lit rue *aux Fers*; Corrozet écrit *au Ferre*, d'autres *aux Féves*. Le voiſinage de la Halle, où l'on vend des légumes, a ſans doute ſervi de fondement à cette dernière dénomination. Le Rôle de 1313 & autres Actes l'indiquent ſous le nom de rue *au Feurre*; Sauval (*t*) dit qu'elle le portoit en

(*t*) Tom. 1, p. 134.

1297, & il peut lui convenir, ainſi que celui de *Fouarre*, qui ſignifie auſſi *paille*, parce qu'*on croit*, dit-il, *qu'elle a ſervi de Marché.* Je penſe que ſon véritable nom eſt celui de rue *au Févre*, qu'on écrivoit anciennement *au Feure*, la conſonne *v* ne ſe diſtinguant point alors dans les Actes d'avec la voyelle *u*. Dans ce ſens, le mot *Fevre* veut dire un Artiſan, un Fabriquant, *Faber*; c'eſt ainſi qu'elle eſt nommée dans un Arrêt du 26 Mars 1321 (*u*), *in capite vici Fabri juxtà Halas.* Ainſi la dénomination de rue *aux Fers*, qu'on lui donne depuis plus de 120 ans, n'a autre fondement que l'uſage.

L'Eglise des SS. Innocents. Nos Hiſtoriens ne diſent rien de certain ſur l'origine de cette Egliſe, ils ſe contentent ſeulement d'avancer qu'elle fut bâtie ou rebâtie ſous le régne de Philippe-Auguſte; ils inſinuent même que ce Prince y employa une partie des ſommes confiſquées ſur les Juifs lors de leur expulſion du Royaume, & par conſéquent poſtérieurement à l'an 1182. Sauval (*x*), qui adopte cette opinion, auroit dû en même temps réfuter celle qui en attribue l'honneur à Nicolas Flamel; il ne devoit pas dire non-plus qu'en 1380, le Pape Clément VIII unit cette Cure au Chapitre de Sainte-Opportune : c'étoit alors Urbain VI qui occupoit le Siége de l'Egliſe, Clément VIII n'ayant été élu Pape que le 30 Janvier 1591. Il n'eſt pas mieux fondé à dire que cette union

(*u*) Reg. du Parl.

(*x*) Tom. 1, p. 358.

fut caſſée par une Bulle de Calixte III, du 1 Septembre 1457. Ces anachroniſmes n'auroient pas du échapper à ſes Editeurs ; car il eſt certain que la Cure des SS. Innocents dépendoit du Chapitre de Sainte-Opportune plus de 400 ans avant cette dernière époque. Une ancienne Chronique dit que cette Egliſe fut bâtie à l'occaſion d'un enfant, appellé *Richard*, que les Juifs avoient martyriſé à Pontoiſe ; & l'on place cet événement en l'année 1158 (*y*). Robert Dumont dit qu'en 1171, le Corps de ce jeune Martyr fut apporté à Paris, en l'Egliſe des SS. Innocents. Il paroît certain que cet événement n'arriva qu'en 1179 ; & quoique Rigord & G. le Breton appellent cette Egliſe *S. Innocent* (*z*), on auroit tort d'en conclure avec l'Auteur de la Chronique, qu'elle fut conſtruite à l'occaſion des miracles qui s'opéroient en ce lieu par l'interceſſion de S. Richard : il ſuffit, pour s'en convaincre, de remarquer qu'on transféra le Corps de ce ſaint Martyr dans l'Egliſe des SS. Innocents ; donc elle exiſtoit déja, & je vais en donner des preuves. Seroit-ce la diverſité des opinions, ou les différentes époques que j'ai citées, qui auroient engagé l'Hiſtorien de l'Egliſe de Paris à garder le ſilence ſur l'antiquité de celle dont il s'agit, & ceux de la Ville à ſuivre ſon exemple ? Ils n'ignoroient pas cependant que cette Egliſe ſubſiſtoit déja ſous le régne de Louis le Jeune, & ces derniers ont même inſéré dans

(*y*) App. Chron. Sigeb.
(*z*) Rig. Geſt. pri anni Phil. | Will. Armor. Duch. t. 5, p. 6 & 72.

leurs preuves, des Titres de ce temps qui la concernent. L'Abbé Lebeuf (&) affecte à cet égard une eſpèce de diſcrétion, dont il ne s'écarte que ſuperficiellement, & pour laiſſer entrevoir des doutes ſur l'authenticité de ces mêmes Titres; il dit de plus (*a*) qu'en 1225, la Cure de Sainte-Opportune étoit aſſez récente, & que pour cette raiſon elle n'eſt point inſérée dans le *Pouillé* du XIIIe ſiécle. Je pourrois lui oppoſer les Auteurs du *Gallia Chriſtiana*, qui diſent (*b*) qu'en 1150, le Doyen & le Chapitre de S. Germain-l'Auxerrois conſentirent au Decret de l'Evêque de Paris, qui décidoit que la préſentation à la Cure des SS. Innocents appartiendroit au Chapitre de Sainte-Opportune. Je n'ai point lu cet acte d'acceſſion du Chapitre de S. Germain, mais j'ai ſous les yeux le Decret même de Thibaut, Evêque de Paris, daté de l'an 1150, Indiction XIII, l'an 7 & le troiſiéme mois de ſon épiſcopat (*c*) : il n'y eſt fait aucune mention de l'Egliſe des SS. Innocents, mais ſeulement de la Chévecerie de Sainte-Opportune; ainſi je cherche d'autres preuves, pour conſtater l'antiquité de l'Egliſe des SS. Innocents. J'en trouve une dans la permutation faite entre le Chapitre de S. Méry & l'Abbaye de S. Magloire en 1156, (*d*) à laquelle le Chapitre donne une certaine portion de terrein en échange, *pro parte cujuſdam terre que eſt ad capucium Eccleſie Sanctorum Innocentium.* Je ne crois pas non-plus qu'on ſuſpecte

(&) Tom. 1, p. 74.
(*a*) Ibid. p. 67.
(*b*) Gall. Chr. t. 7, col. 254.
(*c*) Hiſt. de Paris, tom. 3, p. 32.
(*d*) Cart. S. Magl. fol. 37, ex Bibl. Reg. n° 5414.

les Bulles d'Adrien IV, du IV des Ides de Mai 1159, & d'Alexandre III, des Calendes d'Octobre 1178, qui énoncent parmi les priviléges du Chapitre de Sainte-Opportune, le droit de nomination à la Cure des SS. Innocents; droit que les Auteurs du *Gallia Chriſtiana* ont cru lui avoir été diſputé par le Chapitre de S. Germain (*e*), qui, ſelon eux, y eſt rentré en 1225, en vertu d'une Sentence arbitrale, qui me paroît dire tout le contraire; droit confirmé par une foule de Titres ſubſéquents, qui ſubſiſte encore, & qui eſt d'autant plus légitime, que le terrein ſur lequel l'Egliſe des SS. Innocents eſt bâtie, appartenoit en propriété au Chapitre de Sainte-Opportune.

Cette Egliſe eſt conſtruite à l'angle d'un Cimetière dont je parlerai plus bas, & il paroît qu'elle occupe vraiſemblablement la place d'une Chapelle qu'on y avoit bâtie ſuivant l'uſage, & qui peut-être étoit ſous le *Vocable* des SS. Innocents, pour leſquels le Roi Louis VII avoit une dévotion particulière (*f*).

Les cruautés que les Juifs avoient exercées contre S. Richard, la confiſcation de leurs biens, & leur expulſion du Royaume, purent engager Philippe-Auguſte à faire rebâtir & agrandir cette Egliſe, & ce ne fut qu'après cette reconſtruction que le Corps de S. Richard y fut transféré. Du Breul & Piganiol (*g*) ſe ſont trompés, en diſant que ce fut dans le Cimetière que cette Relique fut dépoſée, & que par-deſſus on

(*e*) Gall. Chr. t. 7, col. 254.

(*f*) Ann. Bénéd. t. 6, p. 700.

(*g*) Du Breul, liv. 3, p. 833. — Pigan. t. 3, p. 301.

éleva une tombe de la hauteur de trois pieds. Rigord, Auteur contemporain que j'ai cité ci-dessus, dit formellement que ce fut dans l'Eglise, le lieu saint convenant certainement mieux au dépôt du Corps de ce saint Martyr, pour être exposé à la vénération des Fidèles. Cette Eglise fut dédiée par Denys Dumoulin, Patriarche d'Antioche & Evêque de Paris, sous l'invocation des SS. Innocents & de S. Pierre, le 22 Février 1445 (*h*), jour où l'Eglise célèbre sa mémoire sous le titre de la Chaire S. Pierre à Antioche. C'est certainement cette dédicace qui a trompé du Breul (*i*), la Caille, & l'Auteur des *Tablettes Parisiennes*, qui disent que cette Eglise fut construite sous le régne de Philippe-Auguste, & rebâtie en 1445.

Le Cimetière des SS. Innocents. Il est de l'antiquité la plus reculée. Personne n'ignore que chez les Romains on ne donnoit point aux morts la sépulture dans les Villes, mais sur les grands chemins, ou dans les champs qui en étoient voisins. Les Chrétiens se conformèrent à cet usage; il n'y eut, dans les premiers temps, que les Rois, les Princes, les Evêques & les Abbés qui furent enterrés dans les Cryptes des Basiliques, ou dans les Oratoires qu'on avoit bâtis auprès. Ainsi Clovis, Sainte Clotilde, sa fille, & les enfants de Clodomir eurent leur tombeau dans la Basilique de S. Pierre, aujourd'hui Sainte Géneviève; Childebert, dans celle de S. Vincent; S. Germain, Evêque de

(*h*) Gall. Chr. t. 7, col. 148. | (*i*) Du Breul, ibid. p. 336.

Paris, dans l'Oratoire de S. Symphorien; l'Abbé Droctovée, dans celui de S. Pierre, &c. Dans les siécles suivants, ce privilége devint plus général, mais il n'avoit encore lieu qu'en faveur des Fondateurs des Eglises & des Chapelles, ou de leurs Bienfaiteurs. L'orgueil & la vanité, forcés de reconnoître que la mort rend tous les hommes égaux, comme ils le sont dans l'ordre de la Grace, n'avoient point fait imaginer qu'il dût y avoir pour les Citoyens de distinction dans leur sépulture; les tombeaux étoient moins des monuments du faste & de l'ostentation, que ceux de la piété ou de la reconnoissance: des inscriptions simples & modestes ne servoient qu'à conserver la mémoire de ceux qui y étoient renfermés; elles ne contenoient ni une liste de Seigneuries & de dignités, ni une énumération de services ou de vertus souvent contestées par l'Histoire, & desavouées par la postérité. Si la Religion les tolère dans nos Eglises, c'est qu'elle ne les considère que comme un tableau moral, qui rappelle incessamment aux Fidèles la vanité des grandeurs, l'instabilité & le néant des biens de ce monde, & la nécessité de subir la loi commune à tous les hommes.

Le Cimetière, pour la partie septentrionale de Paris, désignée sous le nom de *Ville*, avoit été établi sur le territoire de Champeaux, à une petite distance de l'enceinte; il servoit pour les Paroissiens de S. Germain, & devint ensuite commun aux Paroisses qui en furent démembrées: celles de S. Christophe & de Sainte Marine, l'Hôpital Sainte-Catherine & l'Hôtel-Dieu, y eurent aussi le droit de sépulture. Ce Cimetière

Cimetière étoit un lieu ouvert de toutes parts: l'aſyle de la paix étoit devenu celui du tumulte, par le paſſage & le bruit continuel qu'occaſionnoit le voiſinage des Halles, où ſe tenoient les Foires & les Marchés; les cendres des morts étoient foulées aux pieds par les hommes, & par les animaux les plus vils (*k*), ſouillées par les immondices, & (ce qui fait frémir d'horreur) profanées par le crime. Philippe-Auguſte, pour remédier à ces deſordres, fit environner ce Cimetière de murs, & le fit fermer de portes, qui ne s'ouvroient que lorſque le beſoin le requéroit. M. Piganiol (*l*) dit que ce fut vers l'an 1188, & il cite mal-à-propos Guillaume le Breton (*m*) pour ſon garant: cet Hiſtorien, ainſi que Rigord, en place l'époque en 1186, & nos meilleurs Auteurs ſe ſont conformés à cette date (*n*). Le nombre d'habitans s'étant augmenté par la nouvelle enceinte, il fallut agrandir le Cimetière. Au mois de Juin 1218, Pierre de Nemours, Evêque de Paris, donna pour cet effet au Chapitre de S. Germain une place qui lui appartenoit du côté de la Halle (*o*), & qui fut employée à cet uſage.

Je ne parle pas d'une petite Tour octogone, d'environ ſept toiſes de hauteur, qui ſubſiſte encore dans ce Cimetière: on ne ſait rien de poſitif ſur ſon origine, ni ſur l'uſage auquel elle étoit deſtinée; dans cette incertitude, je crois

(*k*) Will. Armor. lib. 1. Philippidos.

(*l*) Tom. 3, p. 301.

(*m*) Ducheſne, t. 5, p. 21 & 73.

(*n*) Du Breul, p. 783 & 830.

(*o*) Arch. de l'Archev.

devoir préférer le silence à la discussion des vaines conjectures qu'on a hazardées à ce sujet.

On a déja proposé plusieurs fois de transferer hors de la Ville ce Cimetière, & tous ceux qui se trouvent dans son enceinte. Les Magistrats, toujours occupés du bien public, avoient pris les mesures les plus prudentes pour empêcher les inconvénients, ou au moins les desagréments qu'occasionne la putréfaction, & pour prévenir les suites dangereuses de l'infection qu'elle produit ; ils avoient même, par leur Arrêt du 21 Mai 1765, indiqué les endroits qui paroissoient les plus convenables & les plus commodes pour huit Cimetières communs à certaines Paroisses. Il sembloit que la sagesse de ce réglement ne devoit point éprouver de contradictions ni d'obstacles ; cependant leur zèle a été arrêté par des considérations particulières, & l'exécution de leur Arrêt est suspendue par des motifs plus spécieux peut-être que solides, mais qui, quels qu'ils soient, ne peuvent jamais, à ce que je crois, entrer en comparaison avec l'intérêt de la santé & de la salubrité de l'air, si nécessaires à la conservation des Citoyens.

A côté de l'Eglise dont je viens de parler, est une Fontaine admirée des Curieux, & qui mérite de l'être. Elle n'a pas été bâtie en 1550, comme l'ont avancé plusieurs de nos Auteurs, mais rétablie & ornée comme nous la voyons aujourd'hui : elle existoit au XIIIe siécle, puisqu'il en est fait mention dans l'Accord de Philippe le Hardi avec le Chapitre de S. Méry, en 1273.

RUES DE LA FRIPERIE. Ces deux rues doivent leur nom aux Fripiers qui en habitent la plus grande partie, & elles aboutissent toutes deux à la rue de la Tonnellerie : la grande rue de la Friperie se termine à la rue Jean-de-Beausse, & la petite à celle de la Lingerie. Cette dernière se trouve indiquée dans *la Guide de Paris* & dans la Caille, sous le nom de *la Chaussseterie* : j'ai déja observé qu'on donnoit ce nom à la rue S. Honoré, depuis les Piliers des Halles jusqu'à la rue des Prouvaires.

RUE DE LA FROMAGERIE. Elle aboutit d'un côté dans la rue de la Pointe S. Eustache, de l'autre dans le Marché aux Poirées. Guillot l'appelle *la Formagerie*, & plusieurs Titres lui donnent le même nom. Sauval (*p*) dit qu'anciennement elle se nommoit rue *de la vieille Fromagerie*, à cause des Marchands de Fromages qui y demeuroient : il est vrai qu'on la trouve indiquée sous ce nom à la fin du XVe siécle ; mais on dit simplement aujourd'hui *rue de la Fromagerie.*

RUE GROSNIÈRE. C'est un cul-de-sac ou passage qui se trouve présentement coupé en deux endroits, & qui forme des cours. Son nom a beaucoup varié, car on la trouve sous ceux de *l'Engronnerie*, *Langrognerie* & de *la Grongnerie* ; on l'a aussi nommée *petite rue S. Martin*, comme on peut le voir sur le Plan de Gomboust, dans

(*p*) Tom. 1, p. 137.

la Caille, Valleyre, &c. Dans le procès-verbal de 1636, on lit rue *Jehan le Comte* ou rue *de la Groignerie*. Je ne sais si ce ne seroit point une faute de Copiste qui auroit écrit *Jehan le Comte* au lieu de *Jehan de Beausse*, cette rue aboutissant au carrefour qui porte ce nom. Quelques modernes ont écrit rue *Gronier*, mais sans aucun fondement.

LES HALLES. Les Marchés sont d'une nécessité indispensable dans les Villes. Le premier qu'il y ait eu à Paris, étoit situé dans la Cité, entre le Monastère de S. Eloi & la rue ou chemin qui conduisoit d'un Pont à l'autre, & qui subsiste encore sous le nom de rue du Marché Palu, comme je crois l'avoir déja remarqué. L'accroissement de la Ville du côté du nord, obligea d'y établir un Marché : une Charte de Louis VII, de l'an 1141 (*q*), nous apprend qu'il y avoit long-temps qu'il subsistoit à la Place de Grêve; & ce fut sans doute parce que Louis le Gros en avoit établi un au lieu dit *Champeaux*, que Louis VII consentit, moyennant soixante-dix livres, que la Place de Grêve restât à perpétuité libre & sans aucun édifice. Nos Historiens ne nous ont point instruits du temps de cet établissement, & je n'ai trouvé aucun Titre qui en fixe l'époque. Cette incertitude a occasionné des erreurs & des écarts. On ne peut blâmer Sauval de ne se fonder sur la tradition, qu'autant qu'elle est appuyée sur l'Histoire, & de rejeter même le témoignage de celle-ci, quand

(*q*) Hist. de Paris, t. 1, p. xcv.

les faits ſont démentis par les Titres : mais ne ſeroit-on pas fondé à lui reprocher de ſe livrer quelquefois trop légérement à des doutes ſur tout ce qui eſt échappé à ſes recherches, & d'arguer de faux des Titres, parce qu'il n'a pu les lire, & qu'il n'en juge que par des extraits inſérés dans des Légendes qui, je l'avoue, ne méritent pas toujours notre confiance ? J'ai déja juſtifié en partie celle de Sainte-Opportune, & j'ai fait voir le droit que ce Chapitre avoit ſur une partie du territoire de Champeaux, qui eſt encore aujourd'hui dans ſa Cenſive. On ne ſait point préciſément quelle étoit ſon étendue; Sauval (*r*) la borne à l'endroit occupé aujourd'hui par les Religieuſes de S. Magloire, & il ajoute que dans les Xe & XIIe ſiécles, le Prieuré de S. Martin-des-Champs devoit en faire partie: c'eſt la conſéquence qu'il tire de la dénomination de *S. Martinus de Campellis*, qui ſe trouve, dit-il, dans les Bulles de Benoît VI & d'Alexandre III, & dans les Lettres de Louis VII. Une ſimple réflexion lui ſuffiſoit pour éviter des anachroniſmes & reconnoître ſa mépriſe; il auroit vu, 1° qu'il ne pouvoit être queſtion du Prieuré de S. Martin-des-Champs, qui n'éxiſtoit plus au Xe ſiécle, & qui n'a été rebâti que vers 1060, par conſéquent plus de quatre-vingts ans après le Pontificat de Benoît VI, mort en 974. 2° Ce n'eſt pas Benoît VI, mais ſon ſucceſſeur immédiat, Benoît VII, qui a donné une Bulle dans laquelle il eſt fait mention de S. Martin *in Campellis* : or cette Bulle, ſans date,

(*r*) Tom. 1, p. 69.

qu'on peut fixer, avec les Auteurs du *Gallia Christiana* (*s*), vers 980, confirme à Elysiard, Evêque de Paris, la possession de cette Eglise, comme une dépendance ou appartenance de son Evêché. Ce Pape est mort en 984, & Elysiard en 988, par conséquent plus de soixante-douze ans avant que S. Martin-des-Champs fût rebâti. La Bulle d'Innocent II, dont Alexandre III a adopté tous les termes, indique seulement *Ecclesiam in Campellis*; mais ce n'est qu'une confirmation, en faveur de l'Eglise de Paris, de toutes celles qui lui appartenoient alors. Or Sauval n'a pas ignoré que jamais l'Evêque de Paris n'a eu de droit sur l'Abbaye ou Prieuré de S. Martin-des-Champs, & que dans les Actes qu'il cite, il n'en est pas question, mais de la petite Abbaye ou Eglise de S. Martin de Champeaux en Brie, qui véritablement dépendoit de l'Eglise de Paris, & en dépend encore.

A l'égard des Lettres de Louis VII, de l'an 1137, que cite Sauval, il ne les avoit pas sans doute lues, car dans deux endroits cette Eglise est nommée *S. Martinus de Campis*: dans les Diplômes d'Henri I & de Philippe I, & dans les Bulles des Papes depuis 1060, on lit toujours *S. Martinus ad Campos* ou *de Campis*.

Le territoire de Champeaux étoit dans la Censive de plusieurs Seigneurs; le Roi, l'Evêque de Paris, le Chapitre de Sainte-Opportune, le Prieuré de S. Martin-des-Champs, celui de S. Denys-de-la-Chartre, l'Evêque de Thérouenne en avoient une partie; le Chapitre

(*s*) Tom. 7. inst. col. 20.

deNotre-Dame y posſédoit auſſi quelque choſe: on voit dans ſes Regiſtres que Louis le Gros lui donna *locum in ſuburbio Pariſ. qui dicitur Campellus*, *& ejuſdem loci poſſatum* (t) : ces Lettres ſont datées de l'an 29 de ſon régne, & 4 de Louis ſon fils.

Louis le Gros jugea ce lieu convenable pour y établir un Marché : ſoit que ce retranchement fût préjudiciable à l'Evêque de Paris, & qu'il en demandât une indemnité, ſoit que, pour le bien de ſon Egliſe, il crût devoir réclamer une partie des droits qui ſe percevroient dans ce Marché, il paroît que ſes prétentions furent fixées par un Accord paſſé entre Louis le Gros & lui en 1136 (*u*), par lequel il fut convenu que l'Evêque jouiroit de la troiſiéme partie de tous les droits. Telle eſt l'origine de *la Tierce-ſemaine* de l'Evêque, dont il eſt parlé dans une foule d'Actes, & des Juriſdictions du For-le-Roi & du For-l'Evêque, dont j'ai parlé. (*Voyez* Rue S. Germain-l'Auxerrois, *Quartier III.*) Ce droit de l'Evêque ſubſiſtoit encore au ſiécle paſſé ; mais comme il ſurvenoit fréquemment des conteſtations entre les Prépoſés pour la perception, le Roi jugea à propos, en 1664, de racheter, &, par différents Arrêts, on a liquidé à 25880 liv. ce qui pouvoit revenir à l'Evêque, tant pour ſon droit de Tierce-ſemaine, que pour l'indemnité de ſes Juſtices ſupprimées, & réunies au Châtelet en 1674.

On voit dans une Bulle de Calixte II, de

(*t*) Ex Bibl. Reg. 5185. B. fol. 54. init. 42.

(*u*) Paſtor. A. fol. 594. B. fol. 88. & D. fol. 212.

l'an 1119 (*x*), qu'alors les Juifs étoient établis au lieu de Champeaux ; elle fait aussi mention du Four de la Rapée, appartenant aux Religieux de S. Martin-des-Champs, & dit qu'il étoit situé *in vico qui dicitur Judæorum.* On ne doute point qu'ils n'aient occupé le terrein qui est entre les rues de la Lingerie, de la Tonnellerie & de la Cordonnerie. Louis VII, dans son Diplôme de 1137 (*y*), appelé *la grande Charte de S. Martin*, dit qu'il y avoit en cet endroit des Merciers & des Changeurs.

A peine Philippe-Auguste étoit-il monté sur le Thrône, qu'il s'occupa du soin d'embellir & d'agrandir la Ville de Paris. Le Marché de Champeaux lui parut mériter une attention particulière ; il le fit environner de murs, & y transféra la Foire de S. Ladre ou Lazare, qu'il acheta pour cet effet des Religieux de ce Prieuré & des Lépreux qui y étoient : cette acquisition fut faite en 1181. Si Rigord & Philippe le Breton ne placent l'établissement des Halles que deux ans plus tard, c'est que la construction n'en fut entiérement achevée qu'en 1183 ; il y fit construire aussi des halles ou appentis bien clos pour conserver les marchandises, & les préserver des injures de l'air ; il fit de même construire des étaux pour les exposer en vente, & ce nouveau Marché fut exactement fermé par des portes, pour la sûreté des Marchands & celle de leurs marchandises. L'expulsion des Juifs & la confiscation de leurs biens, facilitèrent l'exécution de cet utile établissement; il s'augmenta sous S. Louis,

(*x*) Hist. S. Mart. p. 157. | (*y*) Ibid. p. 28.

& dans les siécles suivants, les Halles se multiplièrent tellement, qu'il n'y avoit guère de sortes de Marchands qui n'eussent la leur : c'est de-là que viennent les noms de quelques rues, telles que la Toilerie, la Lingerie, la Cordonnerie, la Friperie, la Poterie, &c. on y vendoit aussi, à certains jours, des œufs, du beurre, des graisses, de la viande, du poisson, des grains, du vin, &c. enfin, plusieurs Marchands Forains y avoient des Halles particulières, qui portoient le nom de leurs Villes (z), telles que la Halle de Douai, de Bruxelles, d'Amiens, de Pontoise, de Beauvais, &c. La Boucherie de Beauvais ne doit son nom qu'à cette Halle, qu'on prit en partie en 1416 pour y établir vingt-huit étaux de Bouchers. Les habitants de Beauvais y renoncèrent entiérement en 1474 (&), & l'on perça en 1553 le passage par lequel on y va de la rue de la Féronnerie.

Le lieu qui est encore aujourd'hui destiné à la vente de la Marée, existoit dès le milieu du XIIIe siécle : c'étoit un Fief appelé *Hellebick* ou *Albicq*. En 1404, les Elus au Poisson de mer y firent élever plusieurs bâtiments qu'on nommoit *les dix Greniers*; ils percevoient un droit sur le poisson de mer qui s'y vendoit, qu'on appela *le droit d'Hellebick*. Ce Fief a passé depuis, en partie, à l'Hôtel-Dieu ; & je trouve dans un *Etat* des biens de cette Maison, imprimé en 1651, que le revenu casuel de la moitié de ce Fief consistoit alors dans le droit de deux deniers sur

(z) *V.* Sauval, t. 1, p. 647 & suiv.

(&) Mémor. O. fol. 153.

chaque charette de Marée venant aux Halles, & qu'il produisoit 200 liv. année commune.

Les Halles subsistèrent en cet état jusqu'au régne de François I ; on nomma dès-lors des Commissaires pour retirer, au profit du Roi, les Loges & les Etaux du Domaine qui avoient été aliénés ; on racheta les Halles, & on les détruisit pour en former de nouvelles, telles à peu près que nous les voyons aujourd'hui, ce qui ne fut entiérement exécuté que sous Henri II ; & l'on commença en 1553 & dans les années suivantes à percer les rues que nous y voyons. Je ne m'étendrai pas davantage sur cet article ; si l'on desire plus de détail à ce sujet, on le trouvera dans Sauval & dans l'extrait qu'en a donné M. Piganiol (*a*) : je ne puis cependant passer sous silence

Le Pilori. Sauval (*b*) dit « que ce nom lui a » été donné par altération ; qu'il y avoit en cet » endroit un puits, qu'un contrat de l'année 1295 » appelle *puteus dictus Lori* ; & que le puits Lori, » ou de Lori, a fait donner le nom au gibet qui » y a été bâti, ou aux environs, 300 ans après. » Cette étymologie, que M. Piganiol (*c*) adopte avec complaisance, paroît assez vraisemblable ; mais il faudroit, pour la rendre certaine, d'autres preuves que le titre qu'il indique. Sauval ne dit point où il a vu l'Acte de 1295 qu'il cite : quand il y auroit eu un puits en cet endroit, quand ce puits auroit appartenu à un nommé Lori, je ne me persuaderois pas facilement encore que ce nom fût

(*a*) Tom. 3, p. 281.
(*b*) Tom. 2, p. 589 & 601.
(*c*) Tom. 3, p. 288.

entré pour quelque chose dans la dénomination du Pilori : on entend ordinairement par ce nom un lieu patibulaire (*d*), où est le Poteau ou pilier du Seigneur, au haut duquel sont ses armes, & au milieu sont attachées des chaînes ou carcans, marques de sa Haute-Justice. Ces Poteaux étoient connus à Paris & dans les Provinces sous le nom de *Piloris*, quoiqu'il n'y eût ni puits, ni voisins qui s'appelassent *Lori*. C'étoit dans ce lieu apparent de la Seigneurie que se punissoient les crimes commis sur le territoire ; on y dressoit des échaffauds & autres instruments de supplice, quelquefois même ils y restoient à demeure, afin d'intimider ceux qu'un mauvais penchant porte au crime. Tel étoit le Pilori des Halles, avant même le XIIIe siécle. Sauval, qui ne le fait bâtir qu'en 1542, n'ignoroit pas qu'il y en avoit un, au XIVe siécle, au carrefour des rues de Bussy, du Four & des Boucheries ; & lui-même a fait mention en plusieurs endroits du Pilori des Halles, long-temps avant l'époque qu'il lui donne, & qui ne peut être que celle de son rétablissement dans la forme où nous le voyons aujourd'hui. Un tableau conservé à S. Germain-des-Prés, que Dom Bouillart a fait graver & a inséré dans l'Histoire de cette Abbaye, nous représente le Pilori qu'elle avoit en 1368, comme une tour ronde, avec un rez-de-chaussée, & un seul étage au-dessus, percé de plusieurs croisées hautes & égales tout autour. Celui des Halles est une tour octogone, bâtie & percée dans le même goût ; ce qui me fait conjecturer que ces

(*d*) Duc. Gloss. *verbo* Pilorium.

édifices avoient été conſtruits pour y dépoſer les criminels, & y recevoir leurs derniers aveux avant l'exécution, & que les échaffauds étant élevés à la hauteur des fenêtres, on les y conduiſoit de plain-pied : ce qui me confirme dans cette penſée, c'eſt que je trouve dans l'Hiſtoire qu'en 1398, deux Religieux furent dégradés, à la Grêve, ſur un échaffaud qui tenoit au Saint-Eſprit par un pont de bois ; & qu'en 1477, Jacques d'Armagnac, Duc de Nemours, qui fut décapité aux Halles le 4 Août, fut conduit à l'échaffaud par une galerie conſtruite exprès depuis la Halle à la Marée. Je ne ſais ſi dès ce temps-là le ſupplice du Pilori, peine infâmante & peut-être trop légère, étoit en uſage ; mais j'ai quelque raiſon de le penſer, & de croire que dès-lors il y avoit comme à préſent une roue ou cercle de fer, dans lequel on expoſoit à la riſée du Public ceux dont les crimes n'étoient point aſſez graves pour que la Loi les condamnât à la perte de la vie. L'ancien *Coutumier de France* porte que les uſuriers devoient être mis *& tournés* au Pilori par trois Fêtes ſolemnelles ou Dimanches (*e*) ; & le *Miroir hiſtorial* de Jean, Abbé de Laon, dit en parlant d'un criminel, *premiérement il fut* TOURNÉ *au Pillori, puis lui furent les deus puings coppés.*

La Caille s'eſt mépris ſur cet article : il place le Pilori au carrefour Guilleri, qui eſt dans un autre Quartier ; ſeroit-ce parce que ces deux endroits étoient des lieux patibulaires, qu'il les a confondus ?

(*e*) *V.* Gloſſ. ſuprà.

RUE JEAN DE BEAUSSE. Elle traverſe de la rue de la Friperie dans celle de la Cordonnerie, & doit ſon nom à un particulier, lequel y avoit un étal. Il en eſt fait mention dans un Compte du Hallage, en 1484. Son nom n'a pas varié depuis.

RUE AU LARD. Elle commence à la rue de la Lingerie, & aboutit à la Boucherie de Beauvais. Preſque toutes nos Nomenclatures portent rue *Aulard*, comme ſi elle l'empruntoit d'un particulier. Il eſt certain qu'on y vendoit anciennement du Lard & des Chaircuiteries; c'eſt ce qui me fait penſer qu'il faut écrire *au Lard* : il y a quelques Plans dans leſquels on s'eſt conformé à cette orthographe.

RUE DE LA LINGERIE. Une de ſes extrémités donne dans la rue de la Féronnerie, l'autre dans le Marché aux Poirées, au coin de la rue aux Fers. S. Louis permit aux pauvres Lingères & aux Vendeurs de menues Friperies d'étaler le long du Cimetière des SS. Innocents juſqu'au Marché aux Poirées, & ce privilége leur fut confirmé par pluſieurs de ſes ſucceſſeurs. Les Gantiers étoient établis de l'autre côté de cette rue: auſſi trouve-t-on dans pluſieurs Actes la Lingerie & la Ganterie indiquées au même endroit. Je crois que l'Abbé Lebeuf s'eſt trompé, en diſant que la Ganterie étoit aujourd'hui remplacée par la rue de la Poterie. L'Auteur des *Tablettes Pariſiennes*, en liſant dans Guillot une rue *Lingarière*, eſt tombé dans une plus grande erreur en la prenant pour celle de la Lingerie : il auroit pu remarquer que Guillot les énonce toutes les deux, qu'ainsi il n'y a point d'identité, & que dans la marche du Poëte la rue Lingarière n'est point aux Halles, mais dans la rue S. Martin.

Les Etaux des Lingères subsistèrent en ce lieu jusqu'au régne d'Henri II. Ce Prince ayant racheté toutes les Halles, comme je l'ai déja dit, vendit cet emplacement à des particuliers, lesquels s'obligèrent d'y faire construire des maisons uniformes avec des arcades de pierre & quatre étages dessus, ce qui n'a pas été entiérement exécuté; mais ces maisons ont formé une rue, qui a conservé le nom de la Lingerie, & qui est aujourd'hui occupée en partie par des Lingères.

RUE DU PETIT S. MARTIN. Elle forme une partie circulaire qui sort de la rue Jean de Beausse, & qui y rentre. J'ai déja observé qu'on a donné ce nom à la rue Grosnière, & Gomboust les indique toutes les deux sous le nom de *petite rue S. Martin*. Je ne serois pas éloigné de croire que c'est cette même rue qui, au milieu du XVe siécle, s'appeloit ruelle ou rue *du Four S. Martin*. Le Prieuré de S. Martin-des-Champs jouissoit, dès 1119, d'un Four aux Halles, duquel il est parlé dans la Bulle de Calixte II, que j'ai citée ci-dessus : on voit dans les Archives de ce Prieuré & dans l'*Histoire* qu'en a publié Dom Marrier (*f*), qu'en 1137 Louis VII accorda une exemption à *Adelende Genta*, pour une maison & un four qu'elle avoit fait bâtir

(*f*) Pag. 31 & 33.

dans le Marché de Champeaux ; & qu'en 1223, A. Evêque de *Thérouenne*, (*Morinensis*) donna ce four aux Religieux de S. Martin, envers lesquels il étoit déja chargé de 20 s. de cens : ce four est désigné dans tous leurs Titres sous le nom de *Fief de la Rapée*, (au Marché aux Poirées) *in vico qui dicitur Judæorum* ; or cette rue des Juifs me paroît remplacée aujourd'hui par la grande rue de la Friperie, qui aboutit à celle dont il s'agit.

RUE DE MONDETOUR. Elle aboutit d'un côté dans la rue des Prêcheurs, de l'autre dans celle du Cygne. Guillot & tous ceux qui l'ont suivi ont écrit *Maudetour*, & avec raison ; elle est ainsi nommée dans les Rôles de 1300 & de 1313, & ce nom subsistoit encore du temps de Corrozet. Sauval (*g*) dit qu'elle s'appeloit, au XIVe siécle, rue *Maudestour* & *Maudestours*, & depuis la rue du Cygne jusqu'à celle de la Truanderie, ruelle ou rue *Jean Gilles*. L'Abbé Lebeuf (*h*) a inféré du nom de *Maudetour*, qui veut dire *mauvais détour*, ou que c'étoit un endroit dans lequel on avoit fait quelque mauvaise rencontre, ou que ce nom pouvoit venir de l'ancien Château de Maudestor. J'ignore la véritable étymologie : la plus plausible me paroit venir du nom d'une Famille. Ce qu'il y a de certain, c'est qu'en 1205, Burchard d'Orçai vendit à l'Evêque de Paris la dixme d'Orçai & celle de Maudetour (*i*) ; qu'en 1227, il y eut une déclaration de Guillaume,

(*g*) Tom. 1, p. 151.
(*h*) Tom. 2, p. 587.

(*i*) Gr. Cartul. de l'Evêché, cart. 413, fol. 253.

Abbé d'Ivernaux, au ſujet d'une maiſon qu'il poſſédoit à Paris, dans la Cenſive de l'Abbé de Livry (*k*), *in vico qui dicitur Mondetor*, que Jean de Grêve lui avoit donnée en 1208 (*l*); & qu'au mois de Juin 1285, Garnier, Archidiacre de Brie, énonce dans ſon teſtament, des cens qu'il légue ſur une maiſon *in vico Maldeſtor* (*m*); enfin, dans les déclarations rendues au Roi en 1540 (*n*), on trouve celle d'une maiſon ſiſe rue Pyrouet en Thérouenne, aboutiſſant de deux parts aux héritiers de feu Claude Foucaut, ſieur de Maudetour.

La Liſte des rues, du milieu du XVe ſiécle, que l'Abbé Lebeuf a produite, eſt ſi défectueuſe & ſi pleine de fautes, qu'il ne faut pas être étonné d'y trouver cette rue nommée *Maldeſirant*: la plupart des noms y ſont défigurés de façon à ne pouvoir être reconnus.

Rue de la Poterie. Elle donne d'un bout dans la rue de la Lingerie, de l'autre dans celle de la Tonnellerie. Son nom vient des Poteries qui s'y vendoient le ſiécle dernier. Auparavant, il y avoit deux Jeux de Paume qui occupoient cet eſpace, deſquels la rue avoit pris le nom, ainſi que celui de rue *neuve des deux Jeux de Paume*, & qui forment aujourd'hui les Halles aux Draps & aux Toiles. J'ai remarqué ci-devant que l'Abbé Lebeuf s'étoit trompé, ainſi que ceux

(*k*) Cartul. Livriac.

(*l*) Ibid. fol. 24. — Gall. Chr. t. 7. inſtr. col. 277.

(*m*) Cartul. S. Germ. Autiſſ. fol. 19 verſo.

(*n*) Rec. de Blondeau, à la Bibl. du Roi, t. 28, premier Cahier.

qui

qui l'ont suivi, en disant que cette rue étoit la Ganterie, dont Guillot fait mention.

Rue des Potiers d'Etain. On désigne sous ce nom la partie des Piliers des Halles qui régne depuis la rue Pirouette jusqu'à celle de la Cossonnerie. Elle n'est guère indiquée que sous le nom général des *Piliers des Halles*, & quelquefois sous celui des *petits Piliers*, parce qu'il y en a un plus petit nombre de ce côté. Les Potiers d'étain qui s'y sont établis, leur en ont fait donner le nom.

Rue des Prêcheurs. Elle aboutit d'un côté dans la rue S. Denys, de l'autre à la Halle. On la connoissoit sous ce nom dès le XIIe siécle. Sauval (*o*) dit qu'en 1300 elle s'appeloit rue *aux Prêcheurs*, & depuis *au Prêcheur*, à cause d'une maison où pendoit pour enseigne le Prêcheur, & & qui étoit nommée en 1381 l'Hôtel du Prêcheur. Je crois que la maison & l'enseigne devoient leur nom à un particulier; car j'ai vu des Lettres de Maurice de Sully, Evêque de Paris, de l'an 1184 (*p*), qui attestent que Jean *de Mosterolo* avoit donné à l'Abbaye de S. Magloire ce qu'il avoit de droit *in terrâ Morinensi*, & 9 s. sur la maison de Robert le Prêcheur, *Predicatoris*. Soit que ce particulier eût des enfants qui possédèrent cette maison, ou pour quelqu'autre raison, l'on voit qu'au siécle suivant cette rue se nommoit *des Prêcheurs*; elle est indiquée ainsi dans un amortissement du mois de Juin 1252 (*q*),

(*o*) Tom. 1, p. 159.
(*p*) Cart. S. Magl. fol. 40.
(*q*) Ibid. fol. 38.

pour la maison de Pierre Mouton, *in vico Prædicatorum* : on la retrouve cependant encore, en 1407 (*r*), sous son ancien nom de rue *du Prêcheur*, dans un Compte rendu, le Siége vacant, au Chapitre de Notre-Dame. Ainsi c'est par inadvertence de Copiste qu'on lit, dans un Compte du Domaine de Paris de 1496, *rue aux Pescheurs.*

RUE DE LA RÉALE. Elle donne d'un bout dans la rue de la grande Truanderie, de l'autre sous les piliers des Halles. Dans les Titres du XVe siécle, elle est appellée ruelle ou rue *Jean Vingne*, *Vuigne*, *Vigne*, *des Vignes.* Je ne puis guère douter que ce ne soit le nom altéré de *Jean Bigne* ou *Bingne*, ainsi que l'écrivoit Guillot, ou peut-être de *Jean Bigue*, Echevin de Paris en 1281, ou de *Jean* dit *Bigue*, autrement *Compoins*, *Valet de l'illustre Roi de France* (*s*), mentionné dans un contrat de vente de 1284. La Caille & Valleyre l'appellent rue *de la Réale*, ou *Jean-Gilles*, soit d'après des copies infidèles, soit qu'ils l'aient confondue avec une partie de la rue de Mondetour. On la trouve désignée sur tous les Plans du siécle passé, sous le nom de rue *de la Réale.*

RUE TIROUANE. Elle va d'un côté aux rues de Mondetour & de la petite Truanderie, de l'autre aux piliers des Halles. On la connoît également sous le nom de *rue Pirouette.* Le premier de ces deux noms est celui du Fief sur lequel

---

(*r*) Arch. de Notre-Dame.

(*s*) Cartul. S. Germ. Auxiff. fol. 7.

elle eſt ſituée ; ainſi elle devroit être appelée rue *Thérouenne*. Le ſecond, dont j'ignore l'étymologie, a été ſouvent altéré : on trouve dans la Liſte des Rues du XVe ſiécle, rue *Pétonnet*, & rue *Tironne* ou *Térouenne* ; dans Corrozet & Bonfons, rue *du Petonnet*, *du Perronnet*, *Tironnet* & *Teronne* ; d'où l'on peut juger qu'ils en font deux rues, dont l'une ſubſiſte aujourd'hui, & l'autre eſt confondue avec la partie des Piliers qui en fait la continuation. Enfin elle ne forme plus qu'une rue ſous le nom de *Pirouet en Tiroye*, *en Tiroïre*, *en Thérocnne*, *Tirouer*, *Thérouanne* & *Tirouanne* ; en 1413, *Pierret de Térouenne ; Pirouet en Thérouenne* en 1454, 1492 & 1540 ; & dans un Arrêt de 1501, *Pirouette en Thérouenne*, qui, je crois, eſt ſon véritable nom. J'ai dit ci-deſſus que c'étoit celui du Fief ſur lequel elle eſt ſituée : il fut vendu par Adam de Saint-Meſmer à Pierre des Eſſarts, le 2 Janvier 1330 (*t*), moyennant 1025 livres. Ce dernier en fit ſa déclaration au profit du Roi le 17 du même mois.

Rue de la Tonnellerie. Elle aboutit d'un côté dans la rue S. Honoré, de l'autre dans celle de la Fromagerie & à la Halle. On la connoît plus particuliérement ſous le nom des *grands Piliers des Halles* : dès le XIIIe ſiécle, elle étoit connue ſous celui qu'elle porte aujourd'hui. Corrozet ne la déſigne que ſous le nom de *la Toilerie*, & c'eſt avec raiſon qu'elle eſt indiquée dans la Caille & ailleurs ſous les deux noms, car on les diſtinguoit anciennement. La Tonnellerie étoit

(*t*) Thréſ. des Chart. layett. 1, cotte 27.

la rue ou chemin sous les Piliers, l'autre côté étoit la Toilerie : on l'appeloit aussi rue *des Toilières* ; & au 4e Livre des Comptes de Marcel, en 1557, elle est indiquée rue *des Toilières, qui fait front aux rues de la Tonnellerie & aux Toilières, du côté de la Halle au Bled.*

RUES DE LA TRUANDERIE. La grande traverse de la rue Comtesse d'Artois dans celle de S. Denys ; la petite commence au coin de la rue de Mondetour, & aboutit dans la grande. Elles étoient connues au XIIIe siécle. Borel (*u*) & Sauval citent un Cartulaire de S. Lazare, dans lequel cette rue est appelée *vicus Trutenariæ* ; l'année n'est pas marquée : ce qu'il y a de certain, c'est que dans un amortissement du mois de Juin 1252 (*x*), est indiquée une maison *in Truendaria ab oppositis putei dicti vici* ; & que dans une quittance donnée par l'Evêque de Paris au Couvent de S. Magloire (*y*), de 62 liv. Parisis pour différentes acquisitions, elle est nommée *vicus Truendariæ*. Sauval rapporte l'étymologie de ce nom aux mots de *truand* & de *truander*, qui signifioient dans notre vieux langage *gueux, gueuser, mandier* ; & M. Piganiol a embrassé cette opinion, fondé peut-être sur ce que Robert Cénal l'appelle *via mendicatrix* ; d'autres l'attribuent au vieux mot *tru*, *truage*, qui signifie *tribut*, *impôt*, *subside*. Pasquier (*z*) explique aussi le mot *Truander* par ceux de *gourmander* & *fouler*, qui conviennent assez souvent à ceux qui perçoivent les impôts ;

(*u*) Thrés. des Rech. & Antiq. Gaul. p. 435 & 563. — Sauv. t. 1, p. 165.

(*x*) Cart. S. Magl. fol. 38.

(*y*) Ibid. fol. 58 & seq.

(*z*) Rech. liv. 8, ch. 42, p. 747.

& je crois devoir incliner pour cette dernière étymologie. Guillot parle en cet endroit du *Carrefour de la Tour*,

> Où l'on giette mainte Sentence
> En la maison à Dam Séquence.

Ce Carrefour étoit la première entrée des Halles; il est vraisemblable qu'on y percevoit les droits dus sur les marchandises qui arrivoient, & que le nom en fut donné alors à la rue. Il subsiste encore à l'endroit où les deux rues de la Truanderie forment un angle : il y avoit en ce lieu un puits commun, appelé vulgairement *le Puits d'amour*, qui avoit été rebâti en 1525. M. Piganiol (*a*) prétend que ce nom a pour cause une raison qui lui est commune avec tous les puits qui sont dans les Villes ou dans des lieux habités, *parce qu'ils servent*, dit-il, *de rendez-vous aux Valets & aux Servantes, qui, sous prétexte de venir puiser de l'eau, y venoient faire l'amour.* Il eût été, je crois, plus exact de dire que c'étoit la coutume aux puits communs; car les puits particuliers ne servent pas de rendez-vous, & l'amour qui se fait à un puits public n'a guère le droit d'inspirer la crainte, ni de causer du scandale. Le nouvel Editeur de M. Piganiol (*b*) dit « qu'il y a des gens » qui prétendent que l'on doit dire *Puy*, *Podium*, » qui signifie un Carrefour, ou une petite éminence, » & qu'on assure que cet endroit s'appeloit ancien- » nement ainsi. »

Ces deux étymologies me paroissent bien suspectes. La première est hazardée, & me semble uniquement fondée sur des fictions, ou sur des

(*a*) Tom. 3, p. 311.

(*b*) Ibid.

aventures triviales qui peuvent être arrivées en cet endroit. La seconde me paroît destituée de tout fondement, & je ne me rappelle pas qu'on se soit jamais servi du terme de *Podium* pour exprimer un Carrefour. Ne seroit-il pas aussi vraisemblable de dire que ce nom vient du propriétaire ou de l'enseigne de la maison à laquelle ce puits étoit adossé ? Le Titre de 1252, que j'ai cité ci-dessus, indique que dès-lors il y avoit un puits en ce lieu ; ainsi ce n'est ni d'un Carrefour, ni d'une petite éminence qu'est venu le nom qu'on lui a donné : on crut sans doute ennoblir la rue où il est situé, en lui donnant un nom fameux dans les Romans. Ainsi la rue de la petite Truanderie a été appelée *rue du Puits d'amour* & *rue de l'Ariane* ou *Arienne* ; mais, aujourd'hui que ce puits est détruit, ces noms ne doivent plus subsister: c'est donc une faute dans les *Tablettes Parisiennes* de rappeler ce nom & celui de la petite Truanderie, comme si c'étoient deux rues différentes.

RUE VERDELET. Elle traverse de la rue Mauconseil dans celle de la grande Truanderie. Comme sur plusieurs Plans elle est nommée *Verderet*, il n'est pas étonnant que l'Auteur des *Tablettes Parisiennes*, trompé par la Caille, l'ait confondue avec celle du même nom qui donne dans la rue Plâtrière, & qu'il ait donné à celle-ci tous les anciens noms que la première a portés. Il est vrai qu'elles avoient toutes les deux le défaut d'être fort étroites & fort sales ; ce qui a fait appeler celle-ci anciennement rue *Merderiau*, *Merderai*, *Merderel* & *Merderet* : on a adouci ce nom en changeant deux lettres ; &, avant le milieu du siécle passé, on la nommoit rue *Verdelet*.

Fin du huitiéme Quartier.

TABLE ALPHABÉTIQUE

Des objets contenus dans ce VIIIe Quartier.

Fin de la Table.

APPROBATION DU CENSEUR ROYAL.

J'AI LU, par ordre de Monſeigneur le Chancelier, un manuſcrit intitulé : *Recherches critiques, hiſtoriques & topographiques ſur la Ville de Paris, &c. Quartier des Halles.* Cet Ouvrage, rempli de recherches curieuſes & intéreſſantes, accompagnées d'une critique ſage, judicieuſe & éclairée, m'a paru très-digne de l'impreſſion. A Paris, le 3 Février 1773. *Signé*, BEJOT.

Le Privilége du Roi ſe trouve à la fin du premier Quartier.

www.ingramcontent.com/pod-product-compliance
Ingram Content Group UK Ltd.
Pitfield, Milton Keynes, MK11 3LW, UK
UKHW021816190726
13853UKWH00003B/1017

9 782329 578828